HIMALAYA

NORMAN DYHRENFURTH

EXPEDITIONEN UND FILME 1952–1971

Herausgegeben von
Andreas Nickel

Texte:
Norman Dyhrenfurth
Andreas Nickel
Oswald Oelz

AS VERLAG

Der Verlag dankt Max Eiselin, Eiselin Sport, Luzern,
und der Schweizerischen Stiftung für Alpine Forschung, Zürich,
welche die Herausgabe dieses Buches gefördert haben.

www.as-verlag.ch

Gestaltung: www.vonarxgrafik.ch, Heinz von Arx, Urs Bolz, Zürich
Lektorat: Karin Steinbach Tarnutzer, St. Gallen
Druckvorstufe/Fotolithos: Matthias Weber, Zürich
Druck: Kösel GmbH & Co. KG, Altusried-Krugzell
Einband: Josef Spinner Großbuchbinderei GmbH, Ottersweier
ISBN 978-3-909111-41-1

Inhalt

Bilder aus zwanzig Jahren Himalaya-Geschichte

Oswald Oelz

Zwei kleine, sehr einsame Männer auf der scharfen Schneide des Everest-Westgrats, darüber der unendlich lange, steile Weg zum Endpunkt in den jagenden Wolken – das war und ist für mich die Essenz des Bergsteigens im goldenen Zeitalter der Erschließung des Himalaya. Tom Hornbein und Willi Unsoeld starteten im Mai 1963 zur ersten Überschreitung eines Achttausenders. Norman Dyhrenfurth hielt diesen historischen Moment in Bildern fest.

Der Fotograf und Kameramann Norman Dyhrenfurth gehört zu den ganz wenigen noch lebenden Menschen, die viele solche Momente miterlebt und dokumentiert haben. Seine Tätigkeit im Himalaya begann im Herbst 1952, als er im eisigen Sturm die Genfer Everest-Expedition der Schweizerischen Stiftung für Alpine Forschung dokumentierte. Offensichtlich war er ein sehr konditionsstarker Bergsteiger, der die unendlichen Mühen einer damaligen Expedition teilte und selbst unter extremsten Bedingungen noch fotografierte und filmte. 1955 organisierte und leitete er die internationale Lhotse-Expedition, bei der Schweizer, Österreicher und Amerikaner eine Höhe von 8100 Metern erreichten. Während 1958 die Suchexpedition nach dem Yeti ergebnislos verlief, war 1960 die Dhaulagiri-Expedition von Max Eiselin, die Dyhrenfurth wiederum als Kameramann und Fotograf begleitete, umso erfolgreicher: Fünf Schweizer Bergsteigern gelang zusammen mit Kurt Diemberger sowie den Sherpas Nawang Dorje und Nima Dorje die Erstbesteigung des letzten für westliche Kletterer zugänglichen unbestiegenen Achttausenders.

Die Amerikanische Mount-Everest-Expedition von 1963 ist die große Erfolgsgeschichte des Norman Dyhrenfurth. «Big Jim» Whittaker und Nawang Gombu erreichten als zehnter und elfter Mensch den «dritten Pol», wie Normans Vater Günter Oskar Dyhrenfurth den höchsten Punkt der Erde einst genannt hatte. Hornbein und Unsoeld überschritten an einem Maiabend um 18 Uhr den Gipfel und halfen ihren Freunden Jerstad und Bishop, ein schrecklich kaltes Biwak in mehr als 8500 Meter Höhe zu überstehen. Der Expeditionsleiter Dyhrenfurth arbeitete an vorderster Front mit und begleitete und dokumentierte den Aufstieg seiner Kameraden bis in eine Höhe von 8700 Metern.

Norman Dyhrenfurth ist ein Weltbürger, und dies war wohl neben seinen Erfahrungen bei der internationalen Lhotse-Expedition von 1955 die Motivation für seine Internationale Mount-Everest-Expedition von 1971. Dreißig Spitzenbergsteiger aus dreizehn Ländern sollten als eine Art Weltseilschaft die Südwestwand des Everest erstmals durchsteigen. Die Idee funktionierte noch schlechter als die UNO, eifersüchtiges Gezänk entwickelte sich zwischen Franzosen, Italienern, Anglosachsen und einer temperamentvollen Schweizerin, sodass ein Teil der internationalen Truppe abzog. Die verbleibenden Briten Don Whillans und Dougal Haston schafften, von den Japanern unterstützt, den Aufstieg bis auf 8400 Meter.

Dyhrenfurth, der dieses Unternehmen unter größtem persönlichem Einsatz organisiert hatte, blieb trotz der herben Enttäuschung der zuvorkommende, hilfsbereite Gentleman. Als ich ihn 1973 bei der Vorbereitung unserer Expedition zur Makalu-Südwand um Auskunft über die 1971 verwendeten Sauerstoffgeräte bat, erhielt ich diese auf die freundlichste und kompetenteste Art. Erstmals liegen nun Fotodokumente dieses historisch ganz besonderen Unternehmens in einem Buch vor. Dem AS Verlag ist zu danken, dass er das bedeutende fotografische Werk einer außergewöhnlichen Persönlichkeit, die Himalaya-Geschichte erlebt und gestaltet hat, in gesammelter Form der Öffentlichkeit zugänglich macht.

Der Traum vom Himalaya

Norman Dyhrenfurth

Fünfzehn lange Jahre hat Norman Dyhrenfurth, der seit 1937 in den Vereinigten Staaten lebt und mittlerweile als Professor für Film an der renommierten University of California at Los Angeles lehrt, seinen Vater, den berühmten «Himalaya-Professor» Günter Oskar Dyhrenfurth, nicht mehr gesehen, als er einer kurzen Notiz in einer Zeitung entnimmt, dass erstmals nach dem Ende des Zweiten Weltkrieges wieder eine Expedition zum Mount Everest aufbricht, die nicht nur auf «Kundfahrt» geht, sondern ernsthaft entschlossen ist, den höchsten Punkt der Erde, den «dritten Pol», zu ersteigen. Es ist zudem die erste nicht-britische Expedition überhaupt, eine schweizerische. Der Vater setzt zu Hause in der Schweiz sofort alle Hebel in Bewegung, um seinem Sohn den für ihn unerwartet kommenden Wunsch nach einer Teilnahme an der Expedition der Schweizerischen Stiftung für Alpine Forschung (SSAF) im Frühjahr 1952 zu erfüllen. Vergebens. Auch beste Verbindungen zum Leiter der Expedition helfen nicht. Es ist einfach zu spät. Das gesamte Team, zu dem die besten Bergsteiger der Schweiz zählen, steht bereits fest. Zwei unter ihnen, der Sherpa Tenzing Norgay und Raymond Lambert, kommen weit, sehr weit hoch. Doch ihnen fehlen am Ende noch 250 Meter zum höchsten Punkt der Erde, als sie im aufkommenden Schneesturm und am Ende ihrer Kräfte den Erstbesteigungsversuch abbrechen müssen.

Schon wenige Monate später, im Herbst desselben Jahres, kehrt eine weitere SSAF-Expedition zum Mount Everest zurück, wieder mit Tenzing Norgay und Lambert als der Seilschaft, welche die besten Chancen darauf hat, den Gipfel zu erreichen. Diesmal ist auch Norman Dyhrenfurth Mitglied der Expedition, als Regisseur und Kameramann eines Expeditionsfilmes. Am 4. September 1952 trifft er in Neu-Delhi die übrigen Mitglieder der Expedition – nur um zu erfahren, dass man für ihn kein Einreisevisum nach Nepal beantragt hat. Während alle anderen nach Kathmandu fliegen und von dort zum Basislager am Fuß des Mount Everest aufbrechen, vergehen für Dyhrenfurth drei quälend lange Woche des Wartens auf das Visum. Nach zahllosen Fünf-Uhr-Tennispartien, unter anderem auch mit dem nepalesischen Botschafter, der glücklich ist, an der Seite von Norman, der als Achtzehnjähriger immerhin Schweizer Juniorenmeister war, auch einmal ein Match gewinnen zu können, kommt endlich die erlösende Nachricht: Visum erteilt. Der Anmarsch zum Basislager darf allerdings aus nicht nachvollziehbaren Gründen nicht auf dem üblichen Weg über Kathmandu erfolgen, sondern es muss die längere Strecke über Biratnagar im Osten Nepals genommen werden.

Normans Plan, den Haupttross der Expedition in einem Gewaltmarsch innerhalb weniger Tage einzuholen, erweist sich auch aus einem weiteren Grund als undurchführbar: Neunzehn schwere

Norman Dyhrenfurth ist bei der Herbstexpedition 1952 der Schweizerischen Stiftung für Alpine Forschung nicht nur Regisseur und Kameramann des Expeditionsfilmes in einer Person, sondern auch der offizielle Fotograf: im Basislager auf 5250 Meter Höhe hinter seiner großformatigen Linhof.

Auf dem Rückweg macht die Expeditionsmannschaft Rast im Sherpadorf Namche Bazar. Von links: Ernst Reiss, Jean Buzio, Gustave Groß, Gabriel Chevalley, Raymond Lambert, Arthur Spöhel, Tenzing Norgay und Norman Dyhrenfurth; im Hintergrund der Thamserku (6623 m).

Kisten und Säcke haben die vorausgeeilten Kameraden zurückgelassen, um deren Transport sich der Kameramann der Expedition doch bitte kümmern möge. In Begleitung des Sherpas Ang Dawa, der auch bei fast allen späteren Expeditionen dabei sein wird und zum Kameraassistenten avanciert, und unterstützt von fünfzehn Trägern, darunter einige noch sehr junge Mädchen, eine runzelige Großmutter, ein halbwüchsiger Knabe und ein alter Mann mit einem lahmen Bein, die aber allesamt schwere Lasten von 30 bis 35 Kilogramm tragen, macht sich Norman Dyhrenfurth am 24. September 1952 auf zu seiner Privat-Expedition. Ganze drei Wochen ist der Treck unterwegs. Manchmal erscheint er etwas orientierungslos; nachdem nicht geplant war, diesen Umweg zu nehmen, fehlt das entsprechende Kartenmaterial. Manchmal benötigt er eine Polizeieskorte; diese ist allerdings mit so alten Vorderladern bewaffnet, dass sie als Schutz vor umherziehenden Banditen im Ernstfall wohl nicht viel geholfen hätte. Zu den angenehmeren Seiten des Anmarsches dürften die unverhohlen an den Tag gelegten recht eindeutigen Angebote gehört haben, die Norman Dyhrenfurth immer wieder von zum Teil sehr hübschen und anmutigen Sherpanis erhält. Mag ihr Interesse ausschließlich der Person Normans gegolten haben oder auch seinem warmen Daunenschlafsack – standhaft widersteht er der verlockenden Versuchung.

Endlich, am 18. Oktober 1952, trifft Norman Dyhrenfurth im Basislager ein. Als Arthur Spöhel und Ernst Reiss ihm entgegenkommen, um ihn zu begrüßen und ihm den Rucksack abzunehmen, werden die Augen vor Rührung feucht. Zum Abendessen im luftigen Messezelt treffen auch der Leiter der Expedition, Dr. Gabriel Chevalley, und Tenzing Norgay ein. Die Freude über das Wiedersehen ist groß, und Norman ist nun wirklich Teil dieser großartigen Expeditionsmannschaft. Es gab während des Anmarschs einige Momente, in denen er kurz davor war, den Glauben aufzugeben, jemals am Fuß des Everest anzukommen. Als er erfährt, dass der Koch, der ihnen das luxuriöse Mahl zubereitet, Ang Tsering heißt und dass er bereits an der ersten Expedition der Eltern Normans im Jahr 1930 teilnahm, kommt beinahe ein Gefühl von Familie auf.

Während seines Anmarsches war die Expeditionsmannschaft nicht untätig. Der Weg durch den Khumbu-Eisbruch ist längst versichert. Das Vorgeschobene Basislager am Fuß der Südwestwand des Everest in 6550 Meter Höhe ist bereits eingerichtet. Sogar das Lager 5 in 6800 Meter Höhe steht schon, unterhalb der Eiswand, die den direkten Aufstieg zum Südsattel ermöglicht. Dyhrenfurth steigt gleich bis ins Vorgeschobene Basislager auf und beginnt, assistiert von Ang Dawa, mit seiner Filmarbeit. Windstille Tage, an denen die große Kälte halbwegs erträglich ist, sind nun, Ende Oktober, die Ausnahme.

Am 31. Oktober treffen zwei Sherpas völlig außer Atem von Lager 5 kommend im Vorgeschobenen Basislager ein und überbringen eine Nachricht von Chevalley: «Drei Sherpa verletzt! Benötige sofort Medikamente!» Jean Buzio und Gustave Groß brechen binnen Minuten auf. Am späten Nachmittag kehren sie zurück. Ihre sonnenverbrannten Gesichter sind müde und eingefallen. In der Lhotse-Steilrinne hat sich eine Eislawine gelöst. Riesige Eisbrocken haben drei Sherpas getroffen, unter ihnen Mingma Dorje. Beim Versuch, ihn zu bergen, hat eine Seilschaft von drei Sherpas den Halt verloren und ist mit dem Schwerverletzten 200 Meter über einen steilen Lawinenkegel abgestürzt – Knochenbrüche, Prellungen, blutüberströmte Gesich-

Abschied am Flughafen von Kathmandu. Von links: Norman Dyhrenfurth, Tenzing Norgay, der Schweizer Geologe Toni Hagen und Gabriel Chevalley. Wenige Monate später werden Tenzing Norgay und Edmund Hillary als erste Menschen auf dem Gipfel des Mount Everest stehen.

Norman Dyhrenfurth hinter seiner 16-Millimeter-Bolex-Paillard, mit der er seinen Expeditionsfilm dreht. Zusammen mit den Bildern des Kameramanns André Roch, der während der Frühjahrsexpedition filmte, entsteht daraus ein Film, der bei den Filmfestspielen in Trient und Berlin erste Preise gewinnt.

ter. Die starken Schmerzmittel scheinen bei Mingma Dorje, der sich zunächst wie wild von Seite zu Seite wälzt, allmählich zu wirken, als er sich plötzlich mit letzter Kraft aufbäumt und tot nach hinten fällt. Alle sind entsetzt. Nachdem beim Anmarsch des Haupttrosses der Expedition bereits zwei Träger an Kälte und Erschöpfung starben, sind nun ein dritter Toter und drei Schwerverletzte zu beklagen. Nur zwei Tage später ereignet sich ein weiterer Unfall. Eine Lawine trifft die Aufstiegsroute unterhalb von Lager 2 und verletzt zwei Sherpas, glücklicherweise nur leicht. Weitere Sherpas melden sich krank, unter ihnen auch der Kameraassistent. Zweifellos befindet sich die Expedition in einer Krise. Die Serie von Unglücksfällen belastet psychisch auch diejenigen schwer, die selbst verschont blieben.

Bald wird dennoch Lager 6 in 7100 Meter Höhe errichtet. Lambert, der noch über bemerkenswerte Reserven verfügt, verbringt dort mit Tenzing Norgay die Nacht in einem höllischen Sturm. Norman Dyhrenfurth, ein Lager tiefer, kann sich nicht vorstellen, dass Lager 6 am nächsten Morgen noch steht. Dann, im Morgengrauen, sieht er durch den Feldstecher beide Bergsteiger aus dem Zelt kriechen und nach oben starten! Sie stellen in einer Höhe von 7450 Metern Lager 7 auf. Am 19. September 1952 überschreiten sie den höchsten Punkt des Genfer Sporns (8017 m) und steigen die wenigen Meter zum Südsattel ab. Zum zweiten Mal in diesem Jahr bauen Lambert und Tenzing Norgay auf dem trostlosen Südsattel ihr Zelt auf. Die Aussicht ist großartig, aber Wind und Kälte sind beinahe unerträglich.

«Dann beginnt eine fürchterliche Nacht. Schlaf ist unmöglich, der Sturm rüttelt an den Zeltleinen. Die Temperatur sinkt auf 45 Grad unter null. Wir setzen alles dran, unsere Hände und Füße vor Erfrierungen zu bewahren. […] Morgengrauen. Der Sturm hat nichts an Heftigkeit eingebüßt. […] In anderthalb Stunden können wir aufbrechen, aber Sherpa Goumdin ist krank. Endlich kriechen wir aus den Zelten, packen unsere Rucksäcke und verlassen das Lager in Richtung Südostgrat. Mit größter Anstrengung queren wir den Südsattel und steigen über vergletscherte Hänge auf. Wir bewegen uns entsetzlich langsam. Nasen und Fingerspitzen verlieren jegliches Gefühl. Trotz bester Ausrüstung dringt der Wind bis auf die Haut durch. Sogar Tenzing ist stark angeschlagen, und die Sherpas hinter uns kommen kaum vom Fleck. Bei etwa 8150 Metern halten wir an. Es ist einfach unmöglich, bei diesen Wetterverhältnissen und in der Höhe weiterzumachen!», schreibt Raymond Lambert in seinem Expeditionstagebuch. Dies ist der erste und einzige Gipfelversuch dieser Herbstexpedition des Jahres 1952.

Norman Dyhrenfurth verbringt die Sturmnacht zusammen mit Chevalley in Lager 5. Weiter aufzusteigen erübrigt sich nun. Ohnehin leidet Norman an einer Kehlkopfentzündung, die jeden Atemzug zur Qual macht. Am 25. November 1952 ist die gesamte Mannschaft wieder im Basislager am Fuß des Khumbu-Eisbruchs versammelt. Norman Dyhrenfurth notiert in sein Tagebuch: «Ein Festessen erwartet uns, das ich nie vergessen werde: Yakfleischsuppe, Schaffleisch, Bohnen, Kartoffeln, Kuchen und Tee. Wie sehr uns frische Nahrung oben gefehlt hatte, erkennen wir erst jetzt. Abends liegen wir in einem nicht vom Wind gerüttelten Zelt mit zwei Kerzen – welch ein Luxus! […] Wir fühlen uns wie im Frühling, und die Freude, in wärmere Gegenden zu kommen, überstrahlt alles andere. Wir können froh sein, mit Ausnahme einiger angefrorener Nasen und Fingerspitzen heil davongekommen zu sein. Zwar liegen noch gut neunzehn Tagesmärsche vor uns, doch was tut's: Wir gehen nach Hause!»

Blick auf das gewaltige Everest-Massiv vom Südostgrat des Pumori in etwas über 6000 Meter Höhe. Von links: der Pass Lho La (6026 m), die Everest-Nordflanke, der Everest-Hauptgipfel (8850 m), davor die Westschulter (7205 m) des Everest, der Südsattel (7906 m), Lhotse (8516 m) und Nuptse (7861 m). Darunter der Khumbugletscher mit seinem Eisbruch und der «Phantom Alley» aus Büßereis.

Rechte Seite: Das Basislager am Fuß des gefährlichen Khumbu-Eisbruchs in 5250 Meter Höhe, dahinter die Westschulter des Mount Everest (7205 m). Der Gipfel ist noch nicht sichtbar und liegt dahinter, nochmals mehr als 1600 Meter höher.

Der Leiter der Expedition Gabriel Chevalley leistet selbst ermüdende Spurarbeit im tiefen Neuschnee zwischen Lager 1, dem Basislager, und Lager 2. Links im Bild Ang Dawa, der Kameraassistent von Norman Dyhrenfurth.

Rechte Seite: Auf Baumstämmen, die aus dem Tal mitgebracht wurden, wird auf dem Weg zum Lager 2 eine riesige Gletscherspalte im Khumbu-Eisbruch überquert.

Arthur Spöhel und Ang Dawa steigen zum Lager 4, dem Vorgeschobenen Basislager, auf. Es liegt im Western Cwm, das von den Schweizern «Tal des Schweigens» getauft wird. Im Hintergrund der Lhotse, mit 8516 Metern der vierthöchste Berg der Erde, im Licht der Nachmittagssonne.

Rechte Seite: Eine Trägerkolonne steigt ins Lager 3 in 6100 Meter Höhe ab, das durch einen Eisbalkon vor den Höhenstürmen geschützt liegt.

Vor der mächtigen Südwestwand des Mount Everest im Hintergrund durchqueren Träger das «Tal des Schweigens», vor ihnen der Südsattel des Everest und der Lhotse. Das Vorgeschobene Basislager auf 6550 Metern ist nun bald erreicht.

Rechte Seite: Arthur Spöhel zeigt sich tief beeindruckt von der 2400 Meter hohen Südwestwand des Everest. Wird es eines Tages möglich sein, diese Wand zu durchsteigen? Das Ziel dieser Expedition gilt zunächst dem Südsattel, über den man, so die Hoffnung, bis zum Gipfel gelangen wird.

Morgentoilette in 6550 Meter Höhe. Arthur Spöhel rasiert Norman Dyhrenfurth – der Expeditionsbart wäre unter der Sauerstoffmaske nur hinderlich.

Rechte Seite: «Ausnahmsweise gab es fast keinen Wind, und dank der wärmenden Sonne war das Leben im Lager 4 recht angenehm. [...] Vielleicht würden die kommenden Wochen gar nicht so schlimm werden. Unser Gemütszustand und die Hoffnung auf einen baldigen Gipfelerfolg erreichten ein neues Hoch.» (aus dem Expeditionstagebuch von Norman Dyhrenfurth)

Linke Seite: Lager 6 (7100 m) in der Lhotseflanke. Buzio und Groß sind die Ersten, die dort eine Nacht verbringen. Doch der Sturm tobt so heftig, dass beinahe das Zelt mit ihnen wegfliegt. Zermürbt und halb erfroren steigen sie wieder ab.

Lager 8 in knapp 8000 Meter Höhe auf dem Südsattel des Mount Everest. «Unter ungeheueren Schwierigkeiten gelingt es uns, insgesamt fünf Zelte zu befestigen, aber der Wind bläst sie wieder über den Haufen. [...] Reiss, Tenzing und ich stellen noch drei Zelte auf, dann kriechen wir hinein. Es ist Nacht geworden, der Sturm peitscht unser Lager mit orkanartiger Gewalt.» (aus dem Tagebuch von Raymond Lambert)

In der Tradition der Eltern

Die Internationale Himalaya-Expedition zum Lhotse 1955

Erst spät und nach langem diplomatischem Gerangel wird in Nepal die Besteigungsgenehmigung erteilt, mit der Norman Dyhrenfurth als Leiter einer internationalen Himalaya-Expedition in die Fußstapfen seiner Eltern treten kann. Neben dem alpinistischen Ziel, dem ersten Versuch einer Besteigung des 8516 Meter hohen Lhotse, wird auch ein wissenschaftliches verfolgt: die Erstellung der ersten genauen Landkarte des Everest-Massivs. Es versteht sich von selbst, dass der Filmer Norman Dyhrenfurth ebenfalls einen Dokumentarfilm mit nach Hause bringen wird, der nicht nur den Verlauf der Expedition schildert, sondern auch über die Kultur der Sherpas des Solo-Khumbu-Gebietes zu Füßen des Mount Everest berichtet. Dass in diesem Film auch wohlgebaute Vertreterinnen ihres Landes barbusig beim Bad im eisigen Gebirgsbach zu sehen sind, hat für einen Expeditionsfilm aus dem Jahr 1955 einen eigenen Reiz.

Durch die spät erteilte, aber immerhin das ganze Jahr gültige Genehmigung kommt ein Besteigungsversuch des Lhotse während der Vormonsunzeit von April bis etwa Anfang Juni, die von den Wetterbedingungen her günstiger wäre, nicht mehr in Betracht. Also wird das internationale Bergsteigerteam, das sich den Gipfel selbst zum Ziel setzt, erst im Herbst anrücken. Norman Dyhrenfurth reist jedoch mit seiner Vorhut – bestehend aus dem Kartografen Erwin Schneider, der schon an der Internationalen Himalaya-Expedition 1930 von Günter Oskar und Hettie Dyhrenfurth zum Kangchendzönga teilnahm, und dem 42-jährigen Bergsteiger Ernst Senn – bereits vor dem Monsun an, um so ausreichend Zeit für die wissenschaftlichen und filmischen Arbeiten zu gewinnen und die Lhotse-Besteigung vor Ort bestmöglich vorbereiten zu können. Ganze neun Monate werden er

Der jugendliche Norman Dyhrenfurth als Leiter seiner ersten «eigenen» Expedition, der Internationalen Himalaya-Expedition 1955. Bereits vor Ausbruch des Monsuns ist es auf dem Anmarsch von Kathmandu zum Basislager überaus regnerisch.

und die beiden Österreicher im Everest-Gebiet verbringen.

Am 11. Mai 1955 erreicht die Vorhut mit vergleichsweise bescheidenen 6,5 Tonnen Expeditionsgepäck das Dorf Dingpoche, auf 4300 Meter Höhe am Fuß der Lhotse-Südwand gelegen, wo für die kommenden Wochen und Monate Quartier bezogen wird. Die wenige verbleibende Zeit bis zum erwarteten Einsetzen des Monsuns wird genutzt, um die fotogrammetrischen Vermessungsarbeiten durchzuführen, die unbedingt klare Sicht erfordern. Mehrere Sechstausender werden dabei bestiegen, zum Teil erstmalig. Die bis dahin unbestiegenen Fünftausender zählt man erst gar nicht. Als Schneiders Mount-Everest-Karte im Maßstab von 1 : 25 000 im Jahr 1957 erscheint, liegt mit ihr die erste wissenschaftlich erstellte Erfassung des Gebiets vor. In der Legende dieser Karte, die vom Deutschen Alpenverein, vom Österreichischen Alpenverein und von der Deutschen Forschungsgemeinschaft herausgegeben wird, steht klein zu lesen: «Triangulierung und fotogrammetrische Aufnahme von Erwin Schneider auf der Internationalen Hima-

Lager der IHE 1955 beim Kloster Tengpoche (3867 m) auf der «Heiligen Wiese». Bergsteiger und Trekker können das Kloster heute so nicht mehr sehen: Es brannte 1990 vollständig ab und wurde mit Spendengeldern aus aller Welt neu aufgebaut.

Rechte Seite: Der große Chörten von Tengpoche. Im Hintergrund die Berge Kangtega (6783 m) und Thamserku (6623 m).

Das Mani-Rimdu-Fest im Kloster Thami (3900 m) bietet auch den Einheimischen eine willkommene Abwechslung zu ihrem kargen Alltag.

Rechte Seite: Maskierte Tänzer während des Mani-Rimdu-Festes. Raja Dorje Tolo ist eine der acht zornigen Manifestationen des Padma Sambhava, des Begründers des Buddhismus im achten Jahrhundert, in der er die Dämonen des Khumbu besiegte.

Der Abt von Thami, Lama Thundu, und hochrangige Lamas und Mönche wohnen den Tänzen bei, die ihren Ursprung in Tibet haben und dort ganze drei Tage dauern.

Rechte Seite: Rurang, der bedrohlich wirkende Tanz der Skelette, wird von den Einheimischen mit Freude und Gelächter aufgenommen.

Eine Sherpani mit ihrem kostbaren Familienschmuck.

Rechte Seite: Eine hübsche Sherpani nach erfrischendem Bad im Gletscherfluss bei Dingpoche. Obwohl die Aufnahmen mit Zustimmung der Frauen und des nepalesischen Verbindungsoffiziers entstanden, sorgten sie bei der nepalesischen Regierung für große Irritationen.

Malerischer Aufstieg zum Dorf Dingpoche, wo Norman Dyhrenfurth mit seiner Vorhut – Erwin Schneider und Ernst Senn – bereits vor dem Monsun sein Dauerquartier bezieht. Blick auf die Ama Dablam (6856 m), die 1961 erstmals bestiegen wird.

Rechte Seite: Während des Anmarschs müssen die Träger der IHE 1955 schon bald schwieriges Gelände meistern.

Tief winterliche Bedingungen bereits im Herbst: das Basislager am Fuß des Khumbu-Eisbruchs (5350 m), dahinter die verschneite Westschulter des Mount Everest.

Rechte Seite: Ernst Senn beim Abseilen von einem Sérac im Khumbu-Eisbruch.

Skiabfahrt durch das «Tal des Schweigens» oberhalb des Khumbu-Eisbruchs. Rechts im Hintergrund der Pumori (7161 m), den George Leigh Mallory 1922 zu Ehren seiner kleinen Tochter «Tochterberg» taufte. Norman Dyhrenfurth lernt sie 1940 zufällig beim Klettern im Breakneck-Gebiet am Hudson River nördlich von New York kennen.

Rechte Seite: Ernst Senn und Arthur Spöhel beim Aufstieg durch die Lhotseflanke.

Vorangehende Doppelseite: Skiabfahrt von Lager 3 in 7000 Meter Höhe zum Vorgeschobenen Basislager auf 6500 Metern vor traumhafter Kulisse. Von links: Everest-Südwestwand, Südsattel, Genfer Sporn und in Bildmitte das Ziel, der Lhotse.

Oben: Der Expeditionsarzt Dr. Bruno Spirig beim Slalomtraining vor der Südwestwand des Everest in 6500 Meter Höhe.

Rechte Seite: Zum Abschluss des Trainings noch ein Geländesprung in perfekter Haltung. Im Hintergrund die Aufstiegsroute zum Lhotse. Sie führt im Zickzack durch den steilen Hängegletscher und weiter durch die Rinne zwischen den Grattürmen links vom Gipfel und dem höchsten Punkt.

Blick vom Südsattel (7906 m) des Mount Everest auf die Grattürme und die steile Eisrinne, die zum Gipfel führt.

Rechte Seite: Die gewaltige Südwand des Lhotse. Links vom Gipfel sind die Grattürme zu erkennen.

Dem Yeti auf der Spur

Die Slick-Johnson Snowman Expedition 1958

Als Filmer und Lastenträger im Himalaya
Die Schweizerische Dhaulagiri-Expedition 1960

Mit Ausnahme von Shisha Pangma (8046 m) und Dhaulagiri (8167 m) sind alle Achttausender erstbestiegen. Der Shisha Pangma liegt vollständig auf dem Staatsgebiet der Volksrepublik China, aus Gründen des nationalen Prestiges erhält keine ausländische Expedition die Genehmigung für eine Besteigung, solange nicht die Chinesen selbst erfolgreich waren. Entsprechend groß ist der Andrang auf den Dhaulagiri. Für das Jahr 1960 gelingt es dem Schweizer Max Eiselin, für den «Weißen Berg» die begehrte Erlaubnis von den nepalesischen Behörden zu erlangen. Sieben Expeditionen vor ihm waren bereits an diesem wegen seines Wetters berüchtigten «Berg der Stürme» gescheitert. Um seine Expedition zum Erfolg zu bringen, fasst Eiselin einen verwegenen Plan. Statt in wochenlangen Anmärschen mit Hunderten von Trägern wertvolle Tage in dem kurzen Zeitfenster zwischen dem eisigen Himalaya-Winter und der niederschlagsreichen Monsunzeit zu verlieren, soll die gesamte Mannschaft mitsamt ihrer umfangreichen Ausrüstung per Flugzeug ins Basislager gebracht werden.

Am 29. März 1960 landet Ernst Saxer, der in der Schweiz schon als Militärpilot und Gletscherflieger einen Namen hat, die auf «Yeti» getaufte Pilatus Porter ein erstes Mal auf dem damals höchsten Flugplatz der Erde: einem sanft geneigten Schneefeld auf dem 5200 Meter hohen Dapa Col. Der Österreicher Kurt Diemberger, dem mit dem legendären Hermann Buhl bereits die Erstbesteigung des Broad Peak gelungen war, und der stellvertretende Expeditionsleiter Ernst Forrer sind die Ersten, die in den Genuss kommen, mehrere tausend Höhenmeter in weniger als einer Stunde zurückzulegen. Zwei- bis dreimal täglich lädt der «Yeti» nach kurzem Flug Menschen und Material in einer Höhe ab, die den Gipfel des Montblanc bereits um 400 Meter überragt. Nicht jeder verträgt die plötzliche Höhe. Einige haben zunächst Schwierigkeiten mit der ungenügenden Höhenanpassung. Kopfschmerzen, Erbrechen, Appetit- und Schlaflosigkeit sind die unangenehmen Folgen. Am 2. April treffen der Expeditionsleiter Eiselin, sein Landsmann Michel Vaucher und Norman Dyhrenfurth als Kameramann der Expedition im Basislager ein. Mit ihnen ist das Lager am Dapa Col nun voll besetzt. Sofort macht sich Norman Dyhrenfurth an seine Filmarbeit und muss zu seinem Entsetzen feststellen, dass auch seine Filmkamera, eine 16-Millimeter-Bell & Howell, «höhenkrank» wurde und nach der Hitze und dem Staub im Tal nun in der Kälte nicht mehr verlässlich arbeitet. Der nächstgelegene gute Kameramechaniker sitzt aber im indischen Kalkutta! Es bleibt ihm nichts anderes übrig, als mit der Kamera wieder nach Pokhara hinunterzufliegen und sich auf den langen Weg zur Reparatur zu machen.

Die Strecke vom Basislager auf dem Dapa Col zum Vorgeschobenen Basislager auf dem Nordostsattel des Dhaulagiri in 5700 Meter Höhe soll nun ebenfalls per Flugzeug zurückgelegt werden. Ein breites Firnplateau lädt geradezu dazu ein, hier endgültig den höchstgelegenen Flugplatz zu eröffnen. Wieder sind es Diemberger und Forrer sowie Albin Schelbert und vier Sherpas, die am besten akklimatisiert und damit die Ersten im Vorgeschobenen Basislager sind.

War der «Yeti» bis dahin täglich für Transport- und Versorgungsflüge erschienen, so bleibt am 13. April das weithin hörbare Brummen seines Motors aus. Auch am kommenden Tag: keine Spur vom «Yeti». Tag für Tag vergeht, schließlich eine ganze Woche, ohne dass eine Nachricht die isolierten Männer auf dem Dapa Col und auf dem Nord-

Die sechs Erstbesteiger im Zeltlager des Nordostsattels 5700 m. Von links: Peter Diener, Sherpa Nima Dorje, Ernst Forrer, Sherpa Nawang Dorje, Albin Schelbert, Kurt Diemberger.

ostsattel erreicht. Unruhe und Besorgnis wachsen. Wird die Expedition am Zusammenbruch der Logistikkette scheitern und so zum Gespött der Presse werden? Flugtechnisch lassen sich die beiden Lagerplätze gut verbinden, doch zu Fuß ist es ein weiter, schwieriger und sehr anstrengender Weg. Über den French Col müsste man ohne die Unterstützung von Trägern die Lasten zum Mayangdigletscher schleppen, dort auf etwa 4700 Meter Höhe ein neues Basislager einrichten, um anschließend durch das blaue Blankeis des schrecklich zerrissenen Mayangdi-Eisbruchs, der es in seiner Wildheit durchaus mit dem Khumbu-Eisbruch am Mount Everest aufnehmen kann, 1000 gefährliche Höhenmeter zum Vorgeschobenen Basislager aufzusteigen. Doch nicht nur die Verbindung zwischen den Lagern am Dapa Col und am Nordostsattel bereitet schwere Sorgen. Wichtiges Ausrüstungsmaterial, Brennstoff und Nahrungsmittel liegen noch im Talort Pokhara. Wie soll das alles ohne Lastenträger nach oben geschafft werden?

Am Abend des 21. April 1960 kommt endlich die rettende Erlösung. Der Pilot Ernst Saxer taucht im Lager am Dapa Col auf – allerdings zu Fuß! Geführt von Norman Dyhrenfurth, der nun wieder über eine funktionstüchtige Kamera verfügt, und mit Hilfe zweier Sherpas legten sie in einem achttägigen Gewaltmarsch mit den am dringendsten benötigten Ausrüstungsgegenständen die Strecke von Pokhara hierher zurück. Sie nahmen dabei den direktesten Weg durch das Kali-Gandaki-Tal und über Tukuche, der noch nie von einer Expedition beschritten worden war. Der weitere Nachschub kommt mit dem Polen Adam Skoczylas, dem Verbindungsoffizier und zwanzig Trägern auf der normalen Anmarschroute im Westen. Es lüftet sich auch das Geheimnis des «Yeti»: Eine Kolbenexplosion zwang Saxer zur Notlandung. Der Mechaniker Emil Wick kümmert sich nun um den Einbau eines Austauschmotors, aber das kann noch einige Zeit dauern und hängt nicht nur von der Geschwindigkeit ab, mit welcher der Flugzeughersteller oder

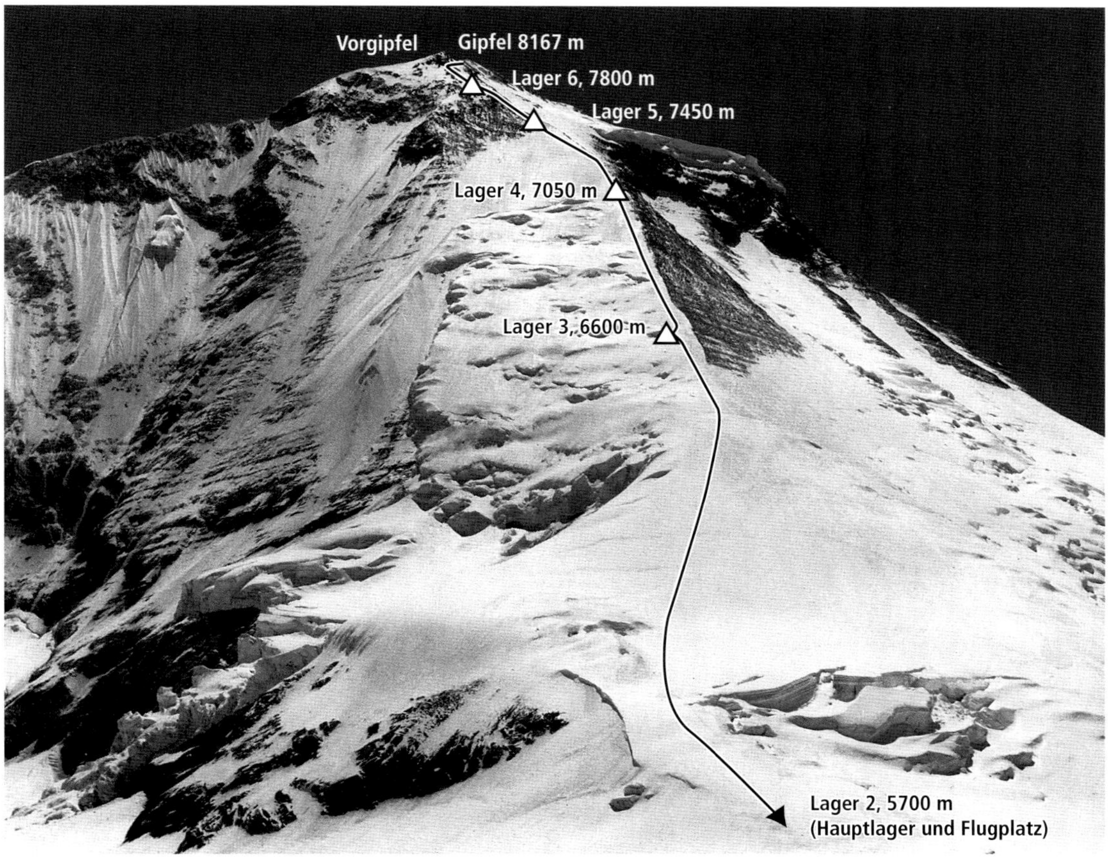

Die Aufstiegsroute der Erstbesteiger des Dhaulagiri (8167 m) führt über den Nordostgrat.

das Motorenwerk auf die Notlage reagiert, sondern auch vom indischen und nepalesischen Zoll. Eiselin nimmt sich persönlich der Sache an und steigt zusammen mit dem Piloten nach Pokhara ab. Währenddessen sorgt die sechsköpfige Dapa-Col-Mannschaft (Diener, Dyhrenfurth, Hajdukiewicz, Roussy, Vaucher, Weber) zusammen mit drei Sherpas für den Nachschub zum Nordostsattel. Eine undankbare bergsteigerische Aufgabe, ermüdend und dazu noch gefährlich.

Drei Wochen nachdem Eiselin und Saxer abgestiegen sind, ist der «Yeti» tatsächlich wieder flugtauglich. Er wird allerdings nur Eiselin zum Vorgeschobenen Basislager bringen und einen einzigen weiteren Versorgungsflug, den siebzehnten, zwischen den Lagern durchführen können. Als Norman Dyhrenfurth am 5. Mai in weiter Ferne den neuen Motor des «Yeti» aufheulen hört, ist dies das letzte Mal. Er kommt nicht mehr wieder, weder an diesem noch in den folgenden Tagen. Wenig später erreicht die Männer im Vorgeschobenen Basislager auf dem Nordostsattel eine Nachricht vom Dapa Col. Der Pilot Ernst Saxer hinterließ dort die Mitteilung, der «Yeti» sei nach dem Start abgestürzt, der Steuerknüppel habe sich losgerissen. Er und der Mechaniker seien unverletzt ins Tal abgestiegen. Das Flugzeug sei jedoch vollkommen zerstört und nicht mehr reparierbar. «Macht's gut.»

Als diese Nachricht am 9. Mai 1960 im Vorgeschobenen Basislager auf 5700 Meter Höhe eingeht, laufen dort die letzten Vorbereitungen zum Gipfelsturm. Ungeachtet aller logistischen Probleme war es der wochenlang vollkommen auf sich gestellten Spitzengruppe – bestehend aus Diemberger, Forrer, Schelbert und den vier Sherpas – gelungen, eine Lagerkette über den Nordostgrat des Dhaulagiri aufzubauen: Lager 3 auf 6600 Meter Höhe, Lager 4 bei 7050 Metern, Lager 5 bei 7450 Metern. Ein letztes «Sturmlager» auf 7800 Metern soll noch hinzukommen. Nun heißt es rasch handeln. Nach dem Totalschaden am «Yeti» reichen Essensvorräte und Brennstoff noch etwa eine Woche, vielleicht zehn Tage. In dieser Zeit muss die so verzweifelt ersehnte Erstbesteigung gelingen. Hoffentlich spielt das berühmt-berüchtigte Dhaulagiri-Wetter mit!

Eine Seilschaft aus Peter Diener, Jean-Jacques Roussi, Michel Vaucher und Hugo Weber befindet sich bereits hoch oben am Berg, in Lager 5. Forrer, Diemberger, Schelbert und ihre beiden Sherpas sind zurück auf dem Nordostsattel, um sich von einem ersten Gipfelversuch, der sie zuvor von Lager 5 bis auf etwa 7800 Meter gelangen ließ, zu erholen. Der Zeitdruck und ihr ungebrochener Wille, den Gipfel zu erreichen, setzen ungeahnte Energien in ihnen frei. Diemberger rennt förmlich den Berg hinauf. Schelbert, Forrer und die Sherpas folgen mit Abstand. Kurze Rast in Lager 3, 900 Höhenmeter über dem Vorgeschobenen Basislager. Diemberger stürmt weiter, will sich offensichtlich nicht auf eine Diskussion einlassen, ob gleich weitergeklettert werden soll oder erst am kommenden Tag. Im Laufe des Nachmittags erreicht er Lager 4, die Übrigen seiner Seilschaft kommen nach. 1350 Höhenmeter in dieser Höhe und noch dazu am Dhaulagiri in einer Etappe zurückzulegen ist eine Leistung. Nach einem Rasttag geht es weiter ins Lager 5. Das Problem besteht nun darin, dass hier, in 7500 Meter Höhe, für neun Mann nur zwei kleine Zweimannzelte zur Verfügung stehen und auch die Nahrungsmittel knapp sind. Heftige Diskussionen: Wer darf oben bleiben, wer geht wieder hinunter? Diener steigt ab zu Lager 4. Roussi, Weber und Vaucher ziehen sich bis ins Vorgeschobene Basislager zurück.

Am 12. Mai 1960 brechen sechs Mann von Lager 5 auf, Peter Diener, Kurt Diemberger, Ernst Forrer, Albin Schelbert und die Sherpas Nima Dorje und Nawang Dorje. Auf 7800 Metern finden sie endlich eine Stelle, an der eine kleine Plattform ins Eis geschlagen werden kann, auf der zumindest ein Zweimannzelt Platz findet. Zu sechst verbringen sie darin eine ungemütliche Nacht. Am kommenden Morgen werden sie belohnt: Es ist zwar bitterkalt, aber ausnahmsweise windstill und wolkenlos. Ohne Flaschensauerstoff erreichen alle sechs den Gipfel. Nie zuvor standen so viele Menschen gleichzeitig auf dem Gipfel eines Achttausenders, noch dazu bei der Erstbesteigung. Nie zuvor mussten allerdings auch nicht einmal 2500 Meter Höhenunterschied aus eigener Kraft bewältigt werden, bevor Bergsteiger den Gipfel eines Achttausenders erreichten. Zehn Tage später, am 23. Mai 1960, gelangen auch noch Hugo Weber und Michel Vaucher von Lager 5 aus auf den Gipfel des Dhaulagiri.

Der «Yeti» auf dem Flugplatz von Pokhara (900 m). Im Hintergrund der heilige Berg Machapuchare, der «Fischschwanz» (6997 m).

Beim Anflug auf den Nordostsattel zeigt sich der Dhaulagiri, der «Weiße Berg», in seiner ganzen Größe. Die geplante Aufstiegsroute führt über den Nordostgrat, wo Sonne und Schatten sich treffen.

Rechte Seite: Ang Dawa auf dem French Col mit Blick auf die Nordwand des Dhaulagiri.

Der «Yeti» nach einer Landung im Basislager auf dem Dapa Col (5200 m). Der Prototyp des Pilatus-Fliegers «Porter» wurde seinem Namen gerecht und schleppte unzählige Trägerlasten bis auf den Dhaulagiri-Nordostsattel auf 5700 m. Die Piloten Saxer und Wick stellten einen Höhenweltrekord für Flächenflugzeuge auf, der bis heute nicht übertroffen wurde.

Rechte Seite: Nach dem Ausfall des «Yeti» ist wieder Bergsteigen ohne Flugunterstützung angesagt: Die schweren Lasten müssen auf dem eigenen Rücken vom Dapa Col durch den gefährlichen Mayangdi-Eisbruch zum Vorgeschobenen Basislager auf dem Nordostsattel (5700 m) geschleppt werden.

Der Expeditionsleiter Max Eiselin (links) mit dem Expeditionsarzt Dr. Georg Hajdukiewicz und Adam Skoczylas im Vorgeschobenen Basislager.

Rechte Seite: Norman Dyhrenfurth mit seiner 16-Millimeter-Bell & Howell-Filmkamera, die nach einem dringend notwendigen Reparaturausflug nach Kalkutta wieder perfekt funktioniert.

Vorangehende Doppelseite: Ein Sherpa genießt den Panoramablick von Lager 4 in 7050 Meter Höhe.

Oben: Freitag, der 13. Mai 1960 – ein Glückstag. Die ersten von insgesamt sechs Expeditionsmitgliedern befinden sich nur noch wenige Meter unterhalb des Gipfels.

Rechte Seite: Peter Diener (links) und Ernst Forrer sind am Ziel. Mit ihnen erreichen Albin Schelbert, Kurt Diemberger sowie die Sherpas Nawang Dorje und Nima Dorje den Gipfel des Dhaulagiri (8167 m).

Der große Erfolg

Die American Mount Everest Expedition 1963

Norman Dyhrenfurth initiiert und leitet die American Mount Everest Expedition (AMEE) 1963. «The raising of money for an Everest expedition proved only slightly less difficult than, say, soliciting funds for a statue of Karl Marx on the White House lawn.» (James Ramsay Ullman im offiziellen Expeditionsbericht «Americans on Everest», 1964)

Nach mehr als zwei Jahren Vorbereitungszeit bricht am 20. Februar 1963 von Kathmandu aus eine Expeditionsmannschaft auf, wie sie die Geschichte des Himalaya-Bergsteigens zuvor nicht gesehen hatte: 909 Träger, jeder einzelne mit einer Last von 30 Kilogramm beladen, insgesamt also 27 Tonnen an Material, Ausrüstung und Geräten, machen sich auf den Weg, um einen Monat später das Basislager am Mount Everest zu beziehen. Diese gewaltige Logistik gilt neunzehn amerikanischen Bergsteigern und Wissenschaftlern, die unter der Leitung von Norman Dyhrenfurth ein neues Kapitel im Extrembergsteigen aufschlagen werden. Geplant ist auf jeden Fall die erste amerikanische Besteigung des Mount Everest, was aber nur das Minimalziel sein kann. Nachdem bereits zehn Jahre zuvor die Briten mit Tenzing Norgay und Edmund Hillary den höchsten Berg der Erde als Erste bestiegen haben und drei Jahre nach ihnen eine Schweizer Expedition erfolgreich war, wäre diese Tat außerhalb der Vereinigten Staaten keiner besonderen Nachricht wert. Doch das junge Team der besten amerikanischen Bergsteiger, das Norman Dyhrenfurth mit Hilfe der finanziellen Unterstützung von NASA, Army, Marine, U. S. State Department, National Science Foundation und National Geographic Society zusammengestellt hat, hegt noch größere Pläne. Könnte es gelingen, zum ersten Mal einen Achttausender auf einer neuen Route zu besteigen? Wäre es möglich, einen Achttau-

Die Mannschaft der AMEE 1963 vor dem Royal Hotel in Kathmandu. Oben von links: Dan Doody, Norman Dyhrenfurth, Lute Jerstad, James Roberts, Gilbert Roberts, Jim Whittaker, Willi Unsoeld, Richard Emerson, Barry Prather, Tom Hornbein. Unten von links: Barry Corbet, Al Auten, Jim Lester, Maynard Miller, Jake Breitenbach, James Ramsey Ullman, Dave Dingman, Dick Pownall, William Siri, Barry Bishop.

sender zu überschreiten – auf der einen Seite hinauf, auf der anderen hinunter?

Während des langen und mühseligen Anmarsches bis zum Basislager bleibt viel Zeit für diese Gedankenspiele. Bald muss Norman Dyhrenfurth feststellen, dass die Mehrheit der Bergsteiger vor allem und allein diese neue Herausforderung sucht, die er selbst ins Spiel gebracht hat – die schwierige Route über den Westgrat. So verständlich diese Haltung aus alpinistischer Sicht auch sein mag – die Gefahr des Scheiterns an dieser unbekannten Route ist enorm, und das wäre den Geldgebern dieses 400 000 Dollar teuren Unternehmens kaum zu vermitteln, solange nicht alles versucht wurde, den Gipfel zumindest auf der Normalroute zu erreichen.

Schon am 21. März wird auf 5425 Meter Höhe das Basislager errichtet, und bereits einen Tag später macht sich eine erste Gruppe von Bergsteigern und Sherpas daran, die gefährliche, von haushohen Séracs bedrohte Route durch den von riesigen Gletscherspalten durchzogenen Khumbu-Eisbruch zu erkunden und einen Weg zu markieren. Tags darauf werden sie von einer zweiten Gruppe abgelöst, die ihre Arbeit fortsetzen soll. Während von den senkrechten Wandabbrüchen des Nuptse und von der Westschulter des Everest gewaltige Eislawinen zu Tal donnern, steigen der Mathematiker Dick Pownall, Dr. Gil Roberts, einer der drei Ärzte der Expedition, und der 27-jährige Jake Breitenbach, allesamt erfahrene und erstklassige Bergsteiger, mit den beiden Sherpas Ang Pema und Ila Tsering zu dem Depot auf, das ihre Kameraden zuvor auf 5850 Metern errichtet hatten. Roberts nimmt plötzlich ein grollendes, unerklärliches Rumpeln wahr, dann ein tiefes Donnern und Krachen, als ein Teil

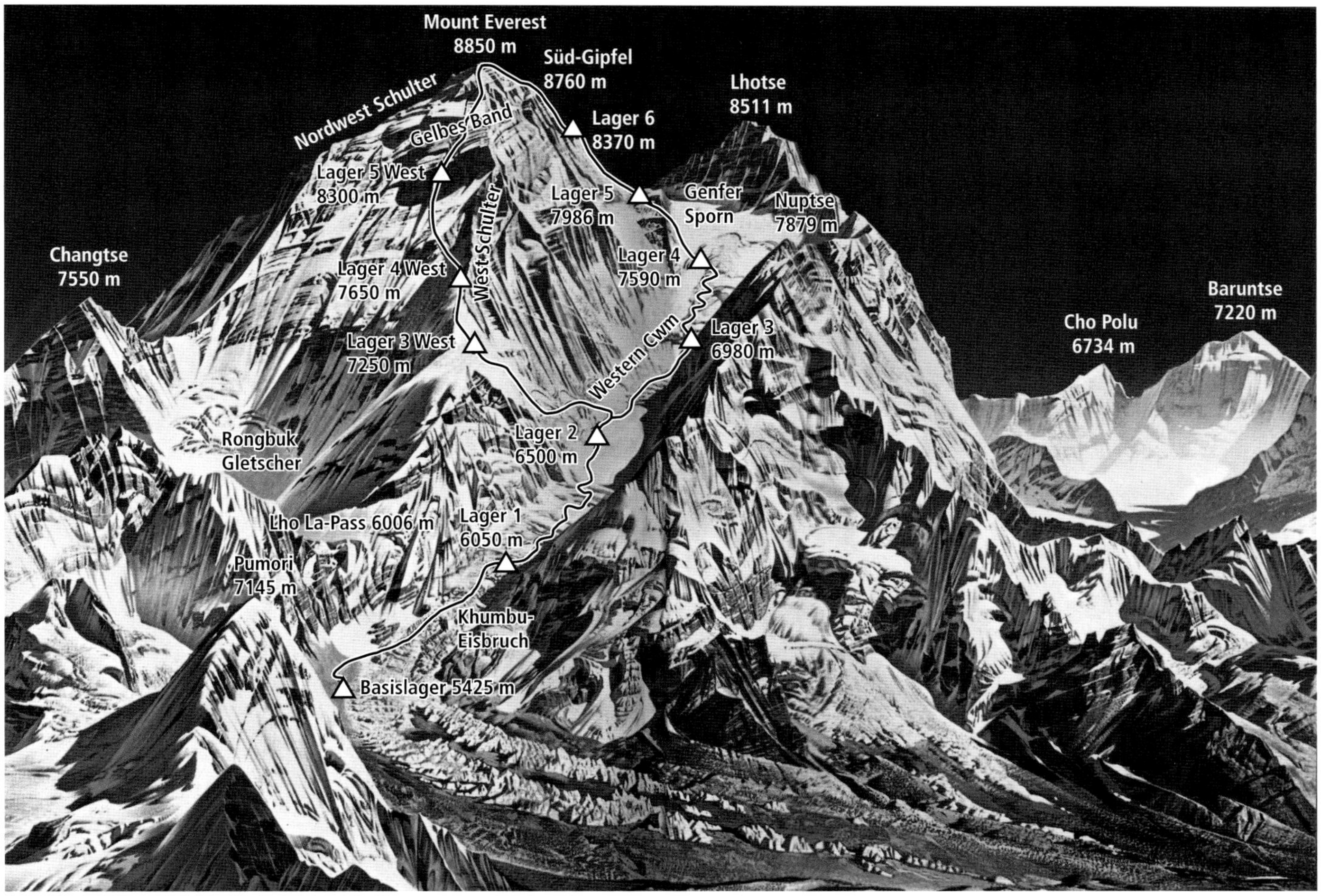

Auf dem Normalweg über den Südsattel und auf einer neuen Route über den Westgrat soll der Mount Everest bestiegen und dabei erstmals überschritten werden.
Quelle: nach «Americans on Everest» von James Ramsey Ullman.

einer Eiswand, so groß wie zwei aufeinandergetürmte Eisenbahnwagen, herunterstürzt. Ein Eisbrocken trifft ihn und schleudert ihn aus der Wand. Es ist fast ein Wunder, dass er diesen 15-Meter-Sturz so gut wie unverletzt übersteht, ebenso wie sein Seilgefährte Ila Tsering. Pownall kommt mit Quetschungen davon, hat aber einen schweren Schock erlitten. Ang Pema ist sehr viel schlechter daran. Er blutet stark aus mehreren Kopfwunden, seine Schulter ist ausgerenkt, der Schnee färbt sich rot. Es sieht schlimm aus, doch er lebt. Jack Breitenbach jedoch ist verschwunden. Von Ang Pema führt das Seil, das ihn mit Jack Breitenbach verbindet, direkt hinunter ins Eis. Dort, wo vor Sekunden noch ein schmales Couloir nach unten führte, ist nun alles meterhoch von tonnenschweren Eistrümmern bedeckt. Jack Breitenbach ist tot.

Die schreckliche Tragödie, kaum dass die Expedition eigentlich begonnen hat, versetzt die gesamte Mannschaft in tiefe Trauer und Agonie. Für manchen, der noch vor kurzem voller Optimismus war und Ambitionen auf den Gipfel hegte, ist der Mount Everest nun kein Ziel mehr. Zweifel über den weiteren Sinn dieses Unternehmens plagen jeden Einzelnen. Bei Barry Corbet, dem engsten Freund von Jack Breitenbach schon seit ihrer Kindheit, ist «das Einzige, was entscheiden wird, ob ich je wieder bergsteigen kann, die Frage, ob ich eine Route über Jakes Grab durch den Eisbruch legen kann». Barry kann es, und die anderen auch. Die Expedition geht weiter, und aus einer «Anzahl deprimierter Einzelwesen» wächst eine Mannschaft, die auch in ihrer mentalen Stärke einzigartig ist.

Bereits fünf Tage später gelingt einer Seilschaft der Durchbruch durch den Khumbu-Eisfall. Vor ihnen öffnet sich das Western Cwm, das berühmte Westbecken zwischen Everest, Lhotse und Nuptse. Auf 6500 Metern wird das Vorgeschobene Basislager errichtet. Hier trennen sich die beiden geplanten Routen zum Gipfel des höchsten Berges der Erde: Über Lhotseflanke, Lhotsecouloir, Gelbes Band, Genfer Sporn, Südsattel und Südgipfel führt der Normalweg hinauf, den zuvor schon Briten und Schweizer gingen und auf dem bis heute Hunderte, Tausende weiterer Bergsteiger nachfolgten. Eine machbare Sache für die amerikanischen Spitzenbergsteiger, wenn das Wetter mitspielt. Das tut es auch einen ganzen Monat lang, und so entsteht rasch eine Kette von Lagern bis in eine Höhe von 8370 Metern, die den Bergsteigern auf dem Weg zum Gipfel als Nachtlager und Ausrüstungsdepots dienen.

Am Morgen des 27. April 1963 startet vom Vorgeschobenen Basislager die erste Gipfelmannschaft mit «Big Jim» Whittaker und Nawang Gombu sowie Norman Dyhrenfurth und Ang Dawa zu ihrer Unterstützung. Mit 32 Kilogramm Gepäck im Rucksack fällt es Norman Dyhrenfurth schwer, die Geschwindigkeit von Big Jim zu halten. Neben der Bergsteigerausrüstung und zwei Sauerstoffflaschen trägt er noch die 16-Millimeter-Filmkamera, zwei Fotoapparate und Filmrollen. Geplant war das nicht, aber der eigentliche Kameramann für den Expeditionsfilm kam wegen Höhenkrankheit nicht über das Vorgeschobene Basislager hinaus. Jeden Abend schließt Norman Dyhrenfurth zwar jeweils zu den Kameraden im nächsten Höhenlager auf, doch das zusätzliche Gewicht zehrt an der Substanz, und er verbraucht doppelt so viel von dem kostbaren Flaschensauerstoff wie vorgesehen. Als Whittaker und Gombu am 1. Mai 1963 im aufkommenden Sturm vom letzten Lager aus in Richtung Gipfel aufbrechen, verfügen Norman Dyhrenfurth und Ang Dawa nur noch über einen spärlichen Vorrat an Sauerstoff. Es ist ausgeschlossen, damit bis zum Gipfel und wieder zurück zu kommen, und Filmen ist bei diesen Bedingungen ohnehin nicht mehr möglich. Er gelangt bis etwa 8700 Meter, nur 150 Höhenmeter vom höchsten Punkt entfernt. Dann heißt es für ihn und seinen Sherpa: umkehren. Einen toten Helden abzugeben, das hat der Expeditionsleiter nicht vor, der wenige Tage später, am 4. Mai, im Vorgeschobenen Basislager seinen 45. Geburtstag feiern wird.

Um die Zeit, als Norman Dyhrenfurth wieder in Lager 6 zurück ist, erreichen Jim Whittaker und Nawang Gombu gemeinsam, die letzten Schritte nebeneinander gehend, den höchsten Punkt der Erde. Von einer Mao-Büste, die eine chinesische Expedition vorgab dort aufgestellt zu haben, ist keine Spur zu sehen. Wahrscheinlich haben die Chinesen den Gipfel gar nicht erreicht. Stattdessen pflanzt Big Jim seinen «Maibaum» ins Eis, eine ziemlich groß geratene amerikanische Flagge, die zuvor über dem Capitol in Washington wehte. Das hohe Ziel ist erreicht.

Nach dem Gipfelerfolg von Whittaker und Gombu hat die Expedition ihr alpinistisches Pflichtprogramm erfüllt, und es darf wieder von der neuen Route, vielleicht sogar von einer Überschreitung des Mount Everest geträumt werden. Es wird die große Stunde von Dr. Tom Hornbein, Arzt

Norman Dyhrenfurth (rechts) und Jim Whittaker (links) bekommen nach dem Gipfelerfolg am 1. Mai 1963 im Basislager Besuch von dem Mann, der vor zehn Jahren zusammen mit Tenzing Norgay den Mount Everest als Erster bestiegen hat: Edmund Hillary.

in der Navy, und dem Professor für Philosophie und Theologie, Willi Unsoeld. Unter ihrer Führung brechen Al Auten, Redakteur der Zeitschrift «Design News», Barry Corbet, Inhaber eines Bergsportgeschäfts, und vier Sherpas über die Westschulter zum Westgrat auf. Einer der gefürchteten Höhenstürme fegt sie beinahe in ihren Zelten vom Berg und legt ihr Lager auf 7650 Meter Höhe in Trümmer. Wertvolle Ausrüstung wie Zelte, Sauerstoffflaschen und Butangas geht dabei verloren. Mit dem, was ihnen bleibt, kann nur noch ein einziges Zwischenlager auf dem Weg zum Gipfel und auch nur für zwei Bergsteiger eingerichtet werden. Durch den «Diagonal Ditch» in die Nordflanke des Everest querend und in die parallel zum Großen Couloir verlaufende Steilrinne einsteigend, die seitdem als Hornbeincouloir bekannt ist, gelingt es mit vereinten Kräften, dieses letzte Lager auf 8300 Meter Höhe auf einer winzigen Plattform aufzubauen, auf der nur das kleine Zweimannzelt von Hornbein und Unsoeld Platz hat. Auten, Corbet und die vier Sherpas steigen sofort wieder ab. Am nächsten Morgen, es ist der 22. Mai 1963, brechen Hornbein und Unsoeld um 7 Uhr zur entscheidenden letzten Etappe auf.

Währenddessen machen sich auf dem Normalweg über den Südostgrat zwei weitere amerikanische Bergsteiger für die letzten 500 Höhenmeter bereit, die sie noch vom Gipfel trennen. Es sind der Theaterwissenschaftler Dr. Lute Jerstad und Barry Bishop, Fotograf der National Geographic Society. Sie sollen auf dem Gipfel des Mount Everest ihre Kameraden vom Westgrat treffen und sie über den Normalweg hinunterbegleiten. Auch wenn beim Frühstück in 8370 Metern der Butankocher im Zelt explodiert, es dadurch fast zu einer Katastrophe kommt und Bishop in schlechter körperlicher Verfassung ist – sie kommen auf dem Normalweg bedeutend rascher voran als ihre Kameraden auf der anderen Seite des Berges. Kurz vor 15.30 Uhr

Vorangehende Doppelseite: Mehr als 900 Träger mit 27 Tonnen Ausrüstung drängeln sich auf dem Weg ins Basislager.

Oben: Ganze Familien, halbe Dörfer stehen im Dienste der Expedition. Nicht nur die Männer, auch viele Frauen und Kinder sind darunter.

Rechte Seite: Eine Sherpani beim Überqueren einer Kettenbrücke. Wie jeder Mann trägt auch sie mit dem Stirnband eine Last von 30 Kilogramm.

Norman Dyhrenfurth vor einem Mani-Felsen, in den das Mantra «Om mani padme hum» eingemeißelt ist.

Rechte Seite: Bis zur Fertigstellung der Landepiste in Lukla, die Sir Edmund Hillary erbauen ließ, dauerte allein der Anmarsch zu dem bedeutendsten Sherpadorf des Solo-Khumbu-Gebiets, Namche Bazar (3400 m), sechzehn lange Tage. Über zahllose Pässe und tiefe Täler führt der beschwerliche Weg, der aber auch großartige Panoramen bietet, wie hier auf den Langtang Himal nahe der tibetischen Grenze.

Vorangehende Doppelseite: Das Gästehaus von Tengpoche (3867 m) am Ende der «Heiligen Wiese» im Mondlicht. Recht die Ama Dablam (6856 m), links die gewaltige Südwand des Lhotse (8511 m) und Lhotse Shar (8398 m).

Oben: Träger nähern sich der «Phantom Alley», der «Gespensterallee» mit ihren Penitentes (Büßereis), die zum Basislager am Fuß des Khumbu-Eisbruchs führt.

Rechte Seite: Die Ama Dablam (6856 m). Der Fotograf der Expedition, Barry Bishop, war zwei Jahre zuvor einer der Erstbesteiger dieses schönen und technisch schwierigen Berges.

Vorangehende Doppelseite: Mit Blick auf die Westschulter des Everest (7205 m) wird am 21. März 1963 am Fuß des Khumbu-Eisbruchs das Basislager der AMEE auf 5425 Meter Meereshöhe aufgebaut. Die kleine Zeltstadt wird zwei Monate lang den Bergsteigern, Wissenschaftlern und Sherpas ein neues Zuhause sein.

Oben: Zerstreuung vom Expeditionsalltag findet jeder auf seine Weise. Barry Prather, Assistent des Glaziologen Maynard Miller, mit 23 Jahren das jüngste Mitglied der Expedition, sucht Entspannung mit der Lektüre des Buches «Endurance».

Rechte Seite: Lute Jerstad, im bürgerlichen Leben Theaterwissenschaftler, der später mit einer Arbeit über das Mani-Rimdu-Tanzritual promovieren wird, zieht auf der Expedition hingegen «MAD» vor.

HELP STAMP OUT
MAD
25¢
Erase that
Cowardice
with historic

Vorangehende Doppelseite: Die lange Trägerkolonne verdeutlicht die Dimensionen und die Wildheit des Khumbu-Eisbruchs. Noch befinden die Sherpas sich im unteren Teil – der gefährliche und schwierige Abschnitt kommt erst noch.

Oben: Wissenschaftliches Arbeiten unter Expeditionsbedingungen. Die beiden Ärzte Gilbert Roberts und William Siri nehmen am Psychologen James Lester höhenphysiologische Untersuchungen vor.

Rechte Seite: Der Glaziologe Maynard Miller misst im Vorgeschobenen Basislager (6500 m) die Sonneneinstrahlung. Everest-Südwestwand, Südsattel, Genfer Sporn, die Grattürme und der Hauptgipfel des Lhotse umschließen das «Western Cwm» der Briten, das die Schweizer «Tal des Schweigens» getauft haben.

Norman Dyhrenfurth mit seinem Linhof-Fotoapparat am Südostgrat des Pumori. Im Hintergrund die Eishänge des Nuptse (7861 m).

Rechte Seite: Das Vorgeschobene Basislager wird in 6500 Meter Höhe unterhalb des Westgrat-Eisbruchs errichtet. Hier trennen sich die beiden Routen. Die Westgratroute beginnt 1000 Höhenmeter oberhalb dieses Lagers.

Rast in Lager 4 auf 7590 Metern auf der Normalroute über den Südsattel. Zusätzlich zur alpinistischen Ausrüstung trägt Whittaker die amerikanische Flagge, Dyhrenfurth die Filmkamera.

Rechte Seite: Lute Jerstad am Gelben Band. Vor ihm der Genfer Sporn. Dahinter liegt der Südsattel. Links oben der Aufstieg zum Südgipfel des Mount Everest.

Lager 5 auf dem Südsattel in 7906 Meter Höhe. Als Norman Dyhrenfurth den «einsamsten Ort der Welt» erreicht, hat ihm das Tragen der schweren Filmausrüstung alles abverlangt. An den drei Viermannzelten zerrt der Sturm. «Der Südsattel war genauso ungastlich, wie ich ihn mir immer vorgestellt hatte.» (aus dem Expeditionstagebuch von Norman Dyhrenfurth)

Rechte Seite: Von Lager 5 geht es steil zum 8760 Meter hohen Südgipfel hinauf. Der Weg zum Hauptgipfel wird erst von dort aus sichtbar.

Ang Dawa zwischen den kleinen Zweimannzelten in Lager 6 (8370 m), im Hintergrund der Makalu (8463 m).

Rechte Seite: Blick von Lager 6 (8370 m) hinunter auf Lager 5 (7986 m) auf dem Südsattel. Dahinter die Schneekuppe des Genfer Sporns, der Nordostgrat des Lhotse und das steile Eiscouloir, bis zu dem Ernst Senn 1955 gelangt war. Ein Jahr später gelang es den Schweizern Ernst Reiss und Fritz Luchsinger, erstmals den Gipfel des Lhotse (8516 m) im Durchstieg durch diese Eisrinne zu erreichen.

Norman Dyhrenfurth und sein Kameraassistent Ang Dawa bei Filmarbeiten im höchstgelegenen Lager 6 in 8370 Meter Höhe.

Rechte Seite: Nawang Gombu, Neffe von Tenzing Norgay, auf dem höchsten Punkt der Erde, fotografiert von seinem Seilgefährten Jim Whittaker am 1. Mai 1963.

Auf 7205 Meter Höhe ist der Westgrat erreicht. Riesige Wechten hängen über dem Rongphugletscher auf der tibetischen Seite des Mount Everest.

Rechte Seite: Die erste Aufnahme des beeindruckenden Westgrats und der riesigen Nordwand des Mount Everest. Am Fuß der felsigen Gipfelpyramide wird Lager 4 West (7650 m) errichtet werden. Von dort quert der «Diagonal Ditch» in die Nordflanke. Das Hornbeincouloir ist hoch darüber zu sehen, unter dem steilen Schneefeld, durch das Tom Hornbein und Willi Unsoeld zurück zum eigentlichen Westgrat traversieren werden.

In der Nacht vom 16. zum 17. Mai 1963 trifft ein Orkan Lager 4 West und zerstört es fast gänzlich. Gegen Mitternacht bemerken Al Auten, Barry Corbet und ihre vier Sherpas, dass sich die Halteseile ihrer Zelte gelöst haben. In ihren Zelten gefangen, gleiten sie immer schneller auf den 2000 Meter tiefer gelegenen Rongphugletscher zu. Dicht vor der Abbruchkante werden sie wie durch ein Wunder von einer Schneewehe angehalten und gerettet.

Rechte Seite: Willi Unsoeld (links) und Tom Hornbein am Fuß des Grats, der zu Lager 4 West führt.

Vorangehende Doppelseite: Die mächtige Gipfelpyramide des Mount Everest, von Westen gesehen. Links die Nordflanke; rechts endet der lange Westgrat. An seinem Ende wird am Fuß der steilen Felswände Lager 4 West errichtet. Von dort führt der Weg zunächst horizontal nach links über das obere Ende des Schneefelds durch den «Diagonal Ditch». Daran schließt sich das Hornbeincouloir an, das schräg nach rechts oben bis kurz unter den Gipfel führt.

Oben: Dick Emerson und Tom Hornbein traversieren durch den «Diagonal Ditch» die Nordflanke des Mount Everest.

Rechte Seite: Schwer beladen erreichen drei Sherpas das Ende des «Diagonal Ditch» und den Einstieg ins Hornbeincouloir.

Blick vom Südostgrat des Pumori auf den Gipfelaufbau des Mount Everest. Unterhalb des großen oberen Schneefeldes in der linken Bildhälfte verläuft das Hornbeincouloir. Daneben der Ausstieg aus dem Hornbeincouloir und die Traverse nach rechts zum eigentlichen Westgrat, der in schwerer Kletterei zum höchsten Punkt führt. In der rechten Bildhälfte der Südostgrat mit dem Südgipfel (8760 m).

Rechte Seite: Tom Hornbein klettert im obersten Abschnitt des Westgrats, gesichert und fotografiert vom Seilersten Willi Unsoeld. Die Gipfelzacken des Nuptse (7861 m) liegen bereits fast 1000 Höhenmeter tiefer.

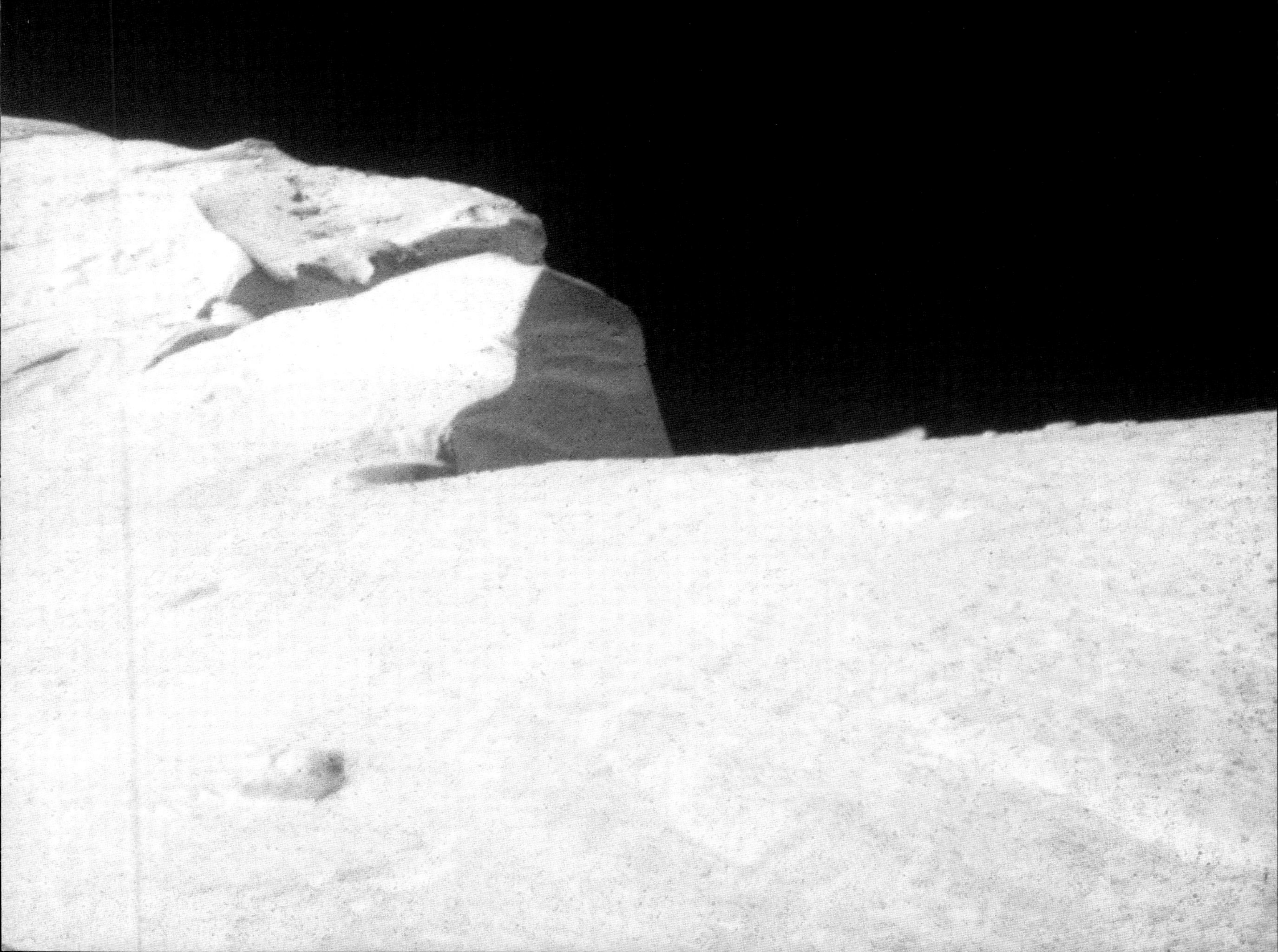

Vorangehende Doppelseite: Lute Jerstad trennen am 22. Mai 1963 nur noch wenige Meter vom Gipfel des Mount Everest, wo Jim Whittakers «Maibaum» seit dem 1. Mai 1963 den Höhenstürmen trotzt.

Oben: Lute Jerstad dreht mit einer kleinen Handkamera die ersten bewegten Bilder vom höchsten Punkt der Erde. Das Rendezvous mit Hornbein und Unsoeld auf dem Gipfel des Mount Everest gelingt leider nicht.

Rechte Seite: Stunden nach Jerstad und Bishop erreichen auch Hornbein und Unsoeld über den Westgrat den Gipfel. Im schwindenden Licht des hereinbrechenden Abends bleibt nicht viel Zeit für das Gipfelfoto von Tom Hornbein.

Vorangehende Doppelseite: Die mächtige Gipfelpyramide des Mount Everest, von Westen gesehen. Links die Nordflanke; rechts endet der lange Westgrat. An seinem Ende wird am Fuß der steilen Felswände Lager 4 West errichtet. Von dort führt der Weg zunächst horizontal nach links über das obere Ende des Schneefelds durch den «Diagonal Ditch». Daran schließt sich das Hornbeincouloir an, das schräg nach rechts oben bis kurz unter den Gipfel führt.

Oben: Dick Emerson und Tom Hornbein traversieren durch den «Diagonal Ditch» die Nordflanke des Mount Everest.

Rechte Seite: Schwer beladen erreichen drei Sherpas das Ende des «Diagonal Ditch» und den Einstieg ins Hornbeincouloir.

Blick vom Südostgrat des Pumori auf den Gipfelaufbau des Mount Everest. Unterhalb des großen oberen Schneefeldes in der linken Bildhälfte verläuft das Hornbeincouloir. Daneben der Ausstieg aus dem Hornbeincouloir und die Traverse nach rechts zum eigentlichen Westgrat, der in schwerer Kletterei zum höchsten Punkt führt. In der rechten Bildhälfte der Südostgrat mit dem Südgipfel (8760 m).

Rechte Seite: Tom Hornbein klettert im obersten Abschnitt des Westgrats, gesichert und fotografiert vom Seilersten Willi Unsoeld. Die Gipfelzacken des Nuptse (7861 m) liegen bereits fast 1000 Höhenmeter tiefer.

Vorangehende Doppelseite: Lute Jerstad trennen am 22. Mai 1963 nur noch wenige Meter vom Gipfel des Mount Everest, wo Jim Whittakers «Maibaum» seit dem 1. Mai 1963 den Höhenstürmen trotzt.

Oben: Lute Jerstad dreht mit einer kleinen Handkamera die ersten bewegten Bilder vom höchsten Punkt der Erde. Das Rendezvous mit Hornbein und Unsoeld auf dem Gipfel des Mount Everest gelingt leider nicht.

Rechte Seite: Stunden nach Jerstad und Bishop erreichen auch Hornbein und Unsoeld über den Westgrat den Gipfel. Im schwindenden Licht des hereinbrechenden Abends bleibt nicht viel Zeit für das Gipfelfoto von Tom Hornbein.

In Erinnerung an Jake Breitenbach, der im Khumbu-Eisbruch umkam, wird auf einem großen Felsen bei Gorak Shep diese Inschrift eingemeißelt. Erst 1969 findet eine japanische Expedition seinen Leichnam. Barry Bishop und Norman Dyhrenfurth reisen in den Himalaya, um dem Begräbnis beizuwohnen, das der Abt von Tengpoche nach buddhistischem Ritus zelebriert. Jahre später wählen auch Barry Bishop und Lute Jerstad den Platz neben Jake Breitenbach zu ihrer letzten Ruhestätte.

Rechte Seite: Am 25. Mai 1963 beginnt der Rückmarsch der Expedition. Lute Jerstad wird wegen seiner erfrorenen Füße von Sherpas getragen, kann aber später aus eigener Kraft den langen Rückweg zu Fuß bewältigen. Barry Bishop und Willi Unsoeld werden mit dem Hubschrauber evakuiert. Infolge ihrer schweren Erfrierungen, die sie sich während des nächtlichen Biwaks im Freien in 8530 Meter Höhe zugezogen haben, müssen ihnen sämtliche Zehen amputiert werden.

Das Scheitern einer Idee

Die Internationale Himalaya-Expedition zum Mount Everest 1971

Die Expeditionsmannschaft der IHE 1971. Oben (jeweils von links): Ned Kelly (BBC), Toni Hiebeler (Deutschland), David Peterson (USA), Jon Teigland (Norwegen), Michel Vaucher (Schweiz). Mitte: Anthony Thomas (BBC), Dougal Haston (Großbritannien), Odd Eliassen (Norwegen), Carlo Mauri (Italien), Duane Blume (USA), Norman Dyhrenfurth (Schweiz/USA), John Evans (USA), Yvette Vaucher (Schweiz), Wolfgang Axt (Österreich). Unten: Naomi Uemura (Japan), Leo Schlömmer (Österreich), John Cleare (BBC), Ian Stuart (BBC), Gary Colliver (USA), Ian Howell (BBC), Jerzy Strudel (BBC), Dr. Peter Steele (Großbritannien). Nicht im Bild: Don Whillans (Großbritannien), James Roberts (Großbritannien), Pierre Mazeaud (Frankreich), Reizo Ito (Japan), David Isles (USA) und Harsh Bahaguna (Indien) sowie drei Männer vom Filmteam der BBC und der australische Journalist Murray Sayle.

Viel wurde bereits im Vorfeld, noch mehr nach ihrem Ende über diese Expedition geschrieben, die mit dreißig Teilnehmern aus dreizehn Nationen, darunter ein achtköpfiges Filmteam des britischen Senders BBC, am 16. Februar 1971 mit 36 Tonnen Expeditionsgepäck in Kathmandu landet, um die beiden schwierigsten und noch nie zuvor bestiegenen Routen am Mount Everest zudem noch gleichzeitig in Angriff zu nehmen – die Direttissima durch die Südwestwand und den Direkten Westgrat in seiner gesamten Länge. Warum sollte Norman Dyhrenfurth, acht Jahre nach seinem Triumph am Everest mit einer rein amerikanischen Mannschaft, nun nicht die Erstbegehung von zwei neuen Routen mit einem internationalen Team gelingen? Dies wäre die Krönung der Dyhrenfurth'schen Idee einer «Weltseilschaft», die bereits mit der ersten Expedition der Eltern Günter Oskar und Hettie Dyhrenfurth 1930 ihren Anfang nahm. Tatsächlich glaubt mancher Kommentator, die IHE 1971 wäre von den Vereinten Nationen auf den Weg gebracht worden.

In einer tragischen Parallelität zur erfolgreichen American Mount Everest Expedition acht Jahre zuvor ereignet sich beim Aufbau der Lagerkette wieder ein tödlicher Unfall. Am 16. April 1971 verlassen der Inder Harsh Bahaguna und der Österreicher Wolfgang Axt mit zwei nepalesischen Sherpas das Vorgeschobene Basislager, um auf dem Weg zum Westgrat ein Höhenlager – Lager 3 West – vorzubereiten, dort zur Höhenanpassung eine Nacht zu verbringen und wenn möglich anderntags die weitere Route zum Einstieg in den Westgrat zu erkunden. Alle Arbeiten verlaufen planmäßig, doch sehen die beiden von ihrer hohen Warte aus Nordosten eine Schlechtwetterfront aufziehen, die sich rasch nähert. Es ist höchste Zeit, zu den Kameraden ins Vorgeschobene Basislager abzusteigen. Sie sind nun ohnehin schon zwei anstrengende Tage auf mehr als 7000 Meter Höhe, und das ohne Flaschensauerstoff. Die Erholung im Vorgeschobenen Basislager, knapp 1000 Höhenmeter tiefer gelegen, wird ihnen guttun.

Gedenkinschrift für Harsh Bahaguna auf einem Felsen bei Gorak Shep.

Rechte Seite: 150 Yaks, die größte Herde, die Norman Dyhrenfurth jemals gesehen hat, und 525 Lastenträger transportieren 36 Tonnen an Ausrüstung und Lebensmitteln zum Basislager. Weder zuvor noch danach wurde von einer Himalaya-Expedition jemals ein vergleichbarer Aufwand betrieben.

der IHE 1971 an die Direttissima durch die Südwestwand des Mount Everest. Schon wenige Tage später, am 5. Mai 1971, gelingt es den Briten Don Whillans und Dougal Haston zusammen mit den Japanern Naomi Uemura und Reizo Ito, in 8050 Meter Höhe das Lager 5 in der Südwestwand einzurichten.

Doch die Gefahren lauern diesmal nicht in der Höhe, sondern im Basislager, knapp 3000 Höhenmeter tiefer. Sieben Mitglieder der Expedition, unter ihnen Norman Dyhrenfurth, erkranken dort an einer mysteriösen Krankheit, die sich später als eine seltene Virusinfektion herausstellt, die wahrscheinlich Hippies ins Basislager eingeschleppt haben. Schon damals scheinen Trekkingtouren ins Everest-Basecamp eine besondere Faszination auf Leute ausgestrahlt zu haben, die selbst nie für eine große Bergbesteigung in Frage kamen. Der britische Expeditionsarzt Peter Steele kann den Erkrankten keine Hoffnung auf baldige Genesung machen, schon gar nicht unter den hygienischen Bedingungen des Basislagers. Für Norman Dyhrenfurth, die Amerikaner John Evans, Gary Colliver und Duane Blume, die Norweger Odd Eliassen und Jon Teigland und den BBC-Mann Ian Howell ist die Expedition damit zu Ende.

Mitte Mai errichten Haston und Whillans mit aufopfernder Unterstützung der beiden Japaner, die ständig Sauerstoff schleppen, ohne selbst davon Gebrauch zu machen, und der besten Sherpas auf 8200 Metern Lager 6. Insgesamt fünfzig Lasten müssen nach oben bewegt werden. Manche der Sherpas bewältigen den mühsamen Aufstieg sogar viermal. Bei einer seiner Erkundungstouren von Lager 6 aus entdeckt Whillans zu seiner Überraschung, dass nach einer Traverse nach rechts zwischen dem Südsporn und der Normalroute über den Südsattel eine weitere gangbare Route über unschwierige Schrofen und Schneehänge zum Südgipfel führt. Sollte er nicht doch die Durchsteigung der Südwestwand aufgeben und so einen «leichten» Gipfelsieg erringen? Für das breite Publikum wäre dies immer noch eine neue Route, und die IHE 1971 würde sicher als ein Erfolg gefeiert werden. Für ihn ist aber die Wand die Herausforderung, nicht der Gipfel um jeden Preis. Whillans kehrt um, zurück ins Lager 6.

Mehr als drei Wochen befinden sich Whillans und Haston nun in über 7500 Meter Höhe, in der «Todeszone». Sauerstoff ist ausreichend vorhanden, doch der Brennstoff wird allmählich knapp, zu essen gibt es fast nichts mehr. Die außergewöhnliche Kälte und das andauernd schlechte Wetter bringen den Nachschub von unten zum Erliegen. Sie sind auf sich selbst gestellt. Fast verzweifelt unternehmen die Briten einen weiteren, letzten Versuch. In einer Eisrinne, die durch eine senkrechte Felswand führt, kämpfen sie sich weitere einhundert Höhenmeter bis auf etwa 8350 Meter hoch. Dann ist auch für sie Schluss. Am 21. Mai 1971 steigen sie ab.

Vorangehende Doppelseite: Blick vom heute noch bei Trekkern beliebten Aussichtsberg Kala Pattar (5545 m). Von links: Changtse (7583 m), darunter der Pass Lho La (6026 m), die Everest-Westschulter (7205 m), die Südwestwand des Mount Everest und der Nuptsegrat. Unterhalb der Khumbu-Eisbruch, der Khumbugletscher und die Eistürme der «Phantom Alley», der «Gespensterallee».

Oben: Der Amerikaner John Evans überquert auf einem Baumstamm eine Gletscherspalte im Khumbu-Eisbruch.

Rechte Seite: Mit Aluminiumleitern wird der obere Teil des Khumbu-Eisbruchs versichert. Die andauernden Gefahren dieser Route sind offensichtlich. «Der Eisbruch verändert sich von Tag zu Tag. Immer wieder müssen Brücken und Leitern ersetzt oder verlegt werden. Bisher hat es noch keine ernstlichen Unfälle gegeben, obwohl täglich durchschnittlich 25 Sherpas Lasten zu Lager 1 tragen.» (aus dem Expeditionstagebuch von Norman Dyhrenfurth)

Vorangehende Doppelseite: Der oberste Routenabschnitt durch den Khumbu-Eisbruch, kurz bevor Lager 1 auf 6050 Metern erreicht wird. Links die steilen Abstürze der Everest-Westschulter, rechts der Nuptsegrat.

Links: Sauerstoffdepot in Lager 1 (6050 m). «Mauri, Mazeaud und das Ehepaar Vaucher beklagen sich über die relative Langsamkeit des Lastentransports. Auch finden sie, dass es nicht genügend zu essen gibt. [...] Natürlich könnten sie selbst einmal zum Lager 1 absteigen und Material heraufbringen. Aber das wäre ja ‹Sherpa-Arbeit›, die man einem Bergsteiger der europäischen Spitzenklasse nicht zumuten kann.» (aus dem Expeditionstagebuch von Norman Dyhrenfurth)

Rechte Seite: Von riesigen Gletscherspalten umringt, aber sicher vor Lawinen wird Lager 1 eingerichtet. Der Inder Harsh Bahaguna und der Japaner Reizo Ito sind die Ersten der IHE 1971, die das Westbecken betreten und dort Lager 1 aufstellen.

Vorangehende Doppelseite: Blick von Lager 2 (6550 m), dem Vorgeschobenen Basislager, ins «Tal des Schweigens», im Licht der untergehenden Sonne. Im Hintergrund die Pyramide des Pumori (7161 m). «Carlo, Pierre und die Vauchers beklagen sich wieder einmal, dass ein Großteil ihres Materials noch im Lager 1 liegt und dass die Sherpas nicht hart genug arbeiten. Ich bin dafür, gemeinsam abzusteigen und Lasten heraufzubringen, aber auch dieser Vorschlag findet keinen Anklang.» (aus dem Expeditionstagebuch von Norman Dyhrenfurth)

Links: Teleobjektivaufnahme des «fluted ice» in der Nordwand des Nuptse. «Verärgert nehme ich meine Kraxe und steige allein zu Lager 1 ab, wo ich das Problem des sich dort anhäufenden Materials mit Dave Peterson bespreche. [...] Mit zwei Sauerstoffzylindern – je einem für Südwestwand und Westgrat, um beiden Gruppen gerecht zu werden – steige ich wieder auf.» (aus dem Expeditionstagebuch von Norman Dyhrenfurth)

Rechte Seite: Eine Trägermannschaft im «Tal des Schweigens». Im Hintergrund die steilen Nordwände des gewaltigen Nuptsegrats.

MADE by
PIONIER

Vorangehende Doppelseite: Das Vorgeschobene Basislager (6550 m) nach dem Schneesturm. Links der Genfer Sporn, voraus der Lhotse (8511 m), rechts die verschneiten Nordwände des Nuptsegrats. «Das Wetter wird zusehends schlechter und entwickelt sich zum Schneesturm. Am Fuße der enormen Nuptsewand höre ich plötzlich das Rauschen einer Neuschneelawine. Schon spüre ich den Luftdruck. Der Pulverschnee braust um mich herum, aber ich kann mich halten.» (aus dem Expeditionstagebuch von Norman Dyhrenfurth)

Links: Der Österreicher Wolfgang Axt und der Inder Harsh Bahaguna im provisorischen Lager 3 West (6900 m).

Rechte Seite: Am 16. April 1971 erreichen Axt und Bahaguna den Westgrat in 7400 Meter Höhe. Es handelt sich um das letzte Foto von Harsh Bahaguna – zwei Tage später kommt er um.

Vorangehende Doppelseite: Erst eine Woche nach dem Tod von Harsh Bahaguna kann sein Leichnam von der Unglücksstelle auf dem Weg zum Westgrat geborgen werden. Dyhrenfurth spurt voraus durch den grundlosen Neuschnee, um für die Sherpas, die den Toten mit letzter Kraft ziehen, einen besseren Weg zu schaffen. Der Leichnam wird durch den gesamten Khumbu-Eisbruch bis ins Basislager getragen und bei Gorak Shep eingeäschert.

Oben: Ein letzter gemeinsamer Versuch, die «Welschen» zum Bleiben zu bewegen, scheitert. Anderntags verlassen sie geschlossen die Expedition. Von links: der Expeditionsarzt Peter Steele, Pierre Mazeaud, John Evans, Michel Vaucher, Yvette Vaucher, Carlo Mauri und Norman Dyhrenfurth.

Rechte Seite: Expeditionsleiter Norman Dyhrenfurth im Basislager. Noch hofft er, die Expedition vor dem Auseinanderbrechen retten und alle auf die Mehrheitsentscheidung einschwören zu können, alle Ressourcen der Expedition in die Südwestwand des Mount Everest zu stecken und Westgrat und Normalroute aufzugeben.

ORANGE

Traverse von Lager 5 (8050 m) zum letzten Lager 6 (8250 m), das am Ende der Schneerampe errichtet wird. Nach drei Wochen, die sie ununterbrochen in größten Höhen verbracht haben, müssen auch Don Whillans und Dougal Haston den Rückzug antreten.

Don Whillans (mit Zigarre) und Dougal Haston (mit Sauerstoffmaske) sind nach drei Wochen zwischen 7600 und 8350 Meter Höhe wieder zurück in Lager 2. «Ist es aber wirklich eine Schande, auf der bisher schwierigsten und gefährlichsten Route am höchsten Berg der Welt 500 Meter unter dem Gipfel aufgeben zu müssen? 32 Jahre und zwölf Expeditionen brauchte es, bis der Mount Everest auf der leichtesten Route erstiegen wurde.» (aus dem Expeditionstagebuch von Norman Dyhrenfurth)

Dank

Dieses Buch hätte ohne die Mitwirkung von Norman Dyhrenfurth nicht entstehen können. Sämtliche Abbildungen dieses Bandes entstammen seinem Familienarchiv, das er bereitwillig geöffnet hat. Die Texte greifen auf die Tagebuchaufzeichnungen zurück, die Norman Dyhrenfurth während der Expeditionen verfasste. Ihm gilt mein besonderer Dank. Danken möchte ich auch der Schweizerischen Stiftung für Alpine Forschung sowie Herrn Max Eiselin, die so freundlich waren, dem AS Verlag die Bildrechte an den hier verwendeten Fotografien zu den Expeditionen 1952 respektive 1960 einzuräumen.

Andreas Nickel